Karl Kardinal Lehmann

Brückenbauer in einer Zeit des Übergangs

Julius Kardinal Döpfner zum Gedenken

echter

Inhalt

Vorwort

Das Bistum Würzburg und die Stadt Bad Kissingen haben zum 28./29. Juni 2013 unter dem Titel „In dieser Stunde der Kirche" nach Bad Kissingen, der Geburtsstadt von Julius Kardinal Döpfner, aus Anlass des 100. Geburtstages am 26. August (1913–2013) eingeladen. Ausführend für den Festakt und die anschließende Wissenschaftliche Tagung waren die Katholische Akademie in Bayern (München), die Katholische Akademie Domschule Würzburg und das Stadtarchiv Bad Kissingen. Julius Döpfner ist in dem damaligen kleinen Dorf Hausen geboren, das heute ein Stadtteil von Bad Kissingen ist.

Ich bin gebeten worden, den Festvortrag zu übernehmen und habe ihm den Titel „Brückenbauer in einer Zeit des Übergangs" gegeben. Meine persönliche Beziehung zu Julius Kardinal Döpfner habe ich im Nachwort zu skizzieren versucht.

Auf vielfachen Wunsch hin veröffentliche ich hier den mehrfach durchgesehenen und leicht erweiterten Text, der jedoch seinen ursprünglichen Charakter als Rede behalten sollte.

Ich danke Herrn Thomas Häußner vom Echter-Verlag und meinem Freund Generalvikar Prälat Dr. Karl Hillenbrand für die rasche Entscheidung, diese Laudatio rechtzeitig zum 100. Geburtstag von Kardinal Julius Döpfner als eigenes kleines Buch der Öffentlichkeit zugänglich zu machen.

Mainz, im Juli 2013

Karl Kardinal Lehmann
Bischof von Mainz

I. Die Heimat

Julius Kardinal Döpfner hing sehr an seiner unterfränki-
schen Heimat am Südrand der Rhön. Es fiel ihm immer
schwer, von ihr getrennt zu sein. Er wollte nichts anderes als hier Pfarrer werden. Heute ist der Geburtsort Hausen ein Stadtteil von Bad Kissingen. Jetzt gedenkt seine
Heimat des berühmten Sohnes und dankt ihm, dass er
trotz seiner großen Anhänglichkeit an seine Heimat in
die Fremde gegangen ist und so für unser Land sowie die
Weltkirche viel erwirken konnte. Davon muss die Rede
sein.[1]

---

1 Vgl. besonders K. Forster, Julius Kardinal Döpfner (1913–1976),
in: Ders., Glaube und Kirche im Dialog mit der Welt von heute I,
Würzburg 1982, 663–683, auch in: J. Aretz, R. Morey, A. Rau-
scher (Hg.), Zeitgeschichte in Lebensbilder, Band 3, Mainz 1979,
260–279. K. Forsters Beitrag verdanke ich viele Anregungen. Dies
gilt auch für die zahlreichen Veröffentlichungen von K. Wittstadt,
vor allem: Julius Kardinal Döpfner und das Zweite Vatikanische
Konzil. Zum zehnten Jahrestag seines Todes am 24. Juli 1986,
Würzburg o. J. (1986); Julius Kardinal Döpfner 1913–1976, Würzburg 1996; Julius Kardinal Döpfner. Anwalt Gottes und der Menschen, München 2001. Vgl. als kurzen Überblick S. Mockry,
Döpfner, in: M. Quisinsky/P. Walter (Hg.), Personenlexikon zum
Zweiten Vatikanischen Konzil, Freiburg i. Br. 2012, 94 f.; vgl. auch
A. Landersdorfer, Döpfner, Julius, in: E. Gatz (Hg.), Die Bischöfe
der deutschsprachigen Länder 1945–2001, Berlin 2002, 386–394
(Lit.). Zu den Veröffentlichungen J. Döpfners selbst vgl. die Lite-
raturliste im Anhang dieses Textes.
Zahlreiche Beiträge finden sich in den „Würzburger Diözesange-
schichtsblättern" ab dem Jahr 1981; Julius Kardinal Döpfner und
das Zweite Vatikanische Konzil, Würzburg 1986; wichtig auch
Chr. Hartl, Wir aber predigen Christus, den Gekreuzigten. Spu-

Julius August Döpfner wurde am 26. August 1913 in dem kleinen Dorf Hausen als viertes von fünf Kindern geboren. Ein älterer Bruder mit dem Namen Julius ist bald nach der Geburt verstorben. So erhielt ein späterer Junge, wie es oft Brauch war, den Namen des Bruders. Es war

ren der Kreuzesspiritualität J. Kardinal Döpfners in seinem Leben und in seiner Verkündigung, Würzburg 2001. Hinweisen möchte ich noch auf die zahlreichen, aber ziemlich verstreuten Äußerungen des Münchener Regionalbischofs Dr. h. c. Ernst Tewes, die leider nicht in einer gemeinsamen Veröffentlichung zusammengefasst sind und mangels Angaben über Ort und Jahr des Erscheinens nur sehr unvollständig angegeben werden können: In Memoriam Kardinal Julius Döpfner, München o. J.; Zum Gedenken an Julius Kardinal Döpfner, gestorben am 24. Juli 1976, hrsg. von E. Tewes; Erinnerung und Notizen 1954–1994, München o. J. (1995); Sede vacante 82, München o. J. Hinweisen möchte ich auch auf das Heft „Er war ganz und gar Seelsorger. Begegnungen mit Julius Döpfner" = KIM-Profile 2, Ingolstadt 1989; P.-W. Scheele, Julius Kardinal Döpfner – Gelebtes Konzil, in: Julius Kardinal Döpfner 1996, 127–134.

Generell verweise ich auf die Beiträge in der großen fünfbändigen Geschichte des Zweiten Vatikanischen Konzils, hrsg. von G. Alberigo, Mainz 1977 ff. und auf die zahlreichen Abhandlungen zu diesem Konzil, z. B. F. X. Bischof (Hg.), Das Zweite Vatikanische Konzil 1962–1965. Stand und Perspektiven der kirchenhistorischen Forschung im deutschsprachigem Raum, Stuttgart 2012. Im folgenden Text, der ein Redemanuskript ist und bleiben will, habe ich die zahlreichen Zeugnisse von Julius Kardinal Döpfner selbst in vielen Fällen nicht eigens nachgewiesen. Die Fundorte für diese Texte sind sehr zerstreut. Es wäre wünschenswert, dass die verschiedenen Aussagen Döpfners, die den Charakter von Erinnerungen, kurzen Sentenzen usw. haben, eigens gesammelt und veröffentlicht werden.

Erwähnen möchte ich noch eine nicht gedruckte große Hilfe, die ich seit Jahren besitzen darf. Es gibt eine fast 300–seitige Zusammenstellung der Lebensdaten und Termine Döpfners: Prof. Dr. Helmut Witetschek, Der tabellarische Weg Kardinal Döpfners durch das Bischofsamt und seine Zeit (1948–1976), Typoskript, 292 Seiten.

eine harte Zeit. Krankheit, Krieg und Hungersnot bedrückten die Familie. Es war eine bitterböse Zeit für alle. Der Vater Matthäus Julius, Hausdiener in einem Hotel im Kurort Bad Kissingen, starb schon 1923 im Alter von 47 Jahren an den Folgen eines Kriegsleidens. Die von Julius stets verehrte Mutter Maria – sie war Putzfrau – starb im Jahr 1934. 1924 begann Julius Döpfner zuerst am Gymnasium der Augustiner in Münnerstadt seine Gymnasialstudien, die er – nun im Bischöflichen Knabenseminar Kilianeum – ab 1925 am Neuen Gymnasium in Würzburg fortsetzte und dort 1933 mit dem besten Abitur seines Jahrgangs zum Abschluss brachte. Als das nationalsozialistische Regime aufgebaut wurde, begann Döpfner nach kurzem Anfang an der Würzburger Universität im Herbst 1933 das Studium der Philosophie und Theologie an der Päpstlichen Universität Gregoriana in Rom, wobei er Alumne des Päpstlichen Kollegs Germanicum-Hungaricum wurde.

Der Gedanke, Priester zu werden, reifte schon sehr früh. Er wurde in den oberen Klassen des Gymnasiums gestärkt durch die Auseinandersetzung mit den Fragen des Lebens aus der Sicht des Glaubens und mit der Geschichte. Entscheidende Anziehung war jedoch die Pfarrseelsorge mit einem sehr tüchtigen Seelsorger. „Ich habe als Kind erlebt, was die Kirche für den Menschen bedeutet, und zumal in den Krankheitstagen (des Vaters) gesehen, was ein eifriger, aus seiner Sendung heraus wirkender Priester dem Menschen geben kann." Die starke Mutter hinterließ mit ihrer ganz unsentimentalen, aber tief vertrauenden Frömmigkeit einen sehr starken Eindruck. Noch wenige Wochen vor Döpfners Tod sah er in einem Rundfunkgespräch Zusammenhänge zwischen der zweiten Station eines Kreuzwegs, der an seinem Elternhaus vorbei auf den Dorffriedhof führte, und der späteren Entscheidung für sein bischöfliches Leitwort „Wir predigen den Gekreuzigten" (1 Kor 1,22). Es war auch der Primizspruch des späteren Wiener Kardinals Franz König, der auf den jüngeren Döpfner Eindruck machte. Döpfner bekannte sich gerne zu seiner Herkunft aus bescheidenen Verhältnissen seiner fränkischen Heimat, die er immer mehr liebte. Er behielt einen sehr anspruchslosen, keine Belastung scheuenden Lebensstil bei. Er konnte mit einfachen Menschen ebenso umgehen wie mit hochgestellten Persönlichkeiten des öffentlichen Lebens und bewegte sich in der kleinsten Gemeinde ebenso ungezwungen und frei wie auf dem internationalen Parkett.

II. Die Studienjahre in Rom und die Rückkehr

Julius Döpfner bekannte sich Zeit seines Lebens – wenn auch nicht ohne Auseinandersetzung – zum Germanikum als seiner Studienstätte. „Sicherlich, es war eine etwas einseitige und auch damals harte Schule. Aber es war eine vielfältige Herausforderung, die einem etwas abverlangte: Begegnung mit dem Geist des hl. Ignatius von Loyola, mit einem gründlichen, systematischen Studium neuscholastischer Prägung. Dazu kam, oder – besser gesagt – es stand in der Mitte der einzigartige Genius Roms, die reifende Erfahrung mit der Weltkirche – es war ja die Zeit von zwei sehr bedeutenden Päpsten: Pius XI. und Pius XII. – und das Zusammenleben mit prächtigen, begabten Kameraden aus verschiedenen Ländern." Das Germanikum war damals bei aller Strenge schon etwas offener für die großen geistigen Bewegungen der Zeit als wenige Jahre zuvor.

Es ist nicht ganz leicht, diese Situation zu beurteilen, zumal hier umfangreichere Arbeiten noch fehlen. Auch mischt sich Allgemeines und Individuelles sehr tief. Jedenfalls hat man den Eindruck, dass die Studierenden des Germanikum in Rom bis zu Döpfners Generation sich intensiver an der neuscholastischen Philosophie und Theologie orientierten. Es gibt Gründe zur Vermutung, dass sich dies etwa um die Mitte der 30er Jahre auflockerte. Als der junge Döpfner im Herbst 1933 nach Rom in das Germanikum kommt, beschreibt er auf aufschlussreiche Weise Schwierigkeiten mit dem Eingewöhnen. Auf die Frage, ob er sich eingewöhnt habe, antwortet er seinem Freund Georg Angermaier: „Leicht und auch schwer." Es herrsche zwar ein vornehmer und herzlicher Ton vor. Es walte auch eine Liebenswürdigkeit und Brüderlichkeit. Dann heißt es aber: „Schwieriger freilich wird mir die Eingliederung in den bis ins Kleinste durchgebildeten Totalstaat, der im Germanikum traditionelles System ist. Jeden Tag wird betont, dass ganz mitgemacht werden muss … Tradition ist oberstes Leitgesetz. Unsere Dankbarkeit dafür, dass wir in dieses Kolleg kommen durften, muss so groß sein, dass eine Kritik unmöglich ist. Es ist bestimmt wahr, dass der Stolz, Germaniker zu sein bzw. gewesen zu sein, nachteilig auf den Charakter abfärben kann."[2] Wie weit eine stärkere Öffnung von den damaligen Verantwortlichen für das Kolleg herrührt, also etwa von den Rektoren (P. Konstantin Noppel 1932–1935; P. Karl Klein 1935–1939; P. Ivo Zeiger 1939–1945), oder auch von den Professoren der Päpstlichen Universität Gregoriana, kann hier dahingestellt bleiben.

Döpfners stärkere Offenheit wird gelegentlich in Zusammenhang gebracht mit seiner freilich erst 1941 fertiggestellten Dissertation über John Henry Newman, wovon noch die Rede sein wird. Aber dies allein erklärt noch nicht den vorausgehenden Prozess, der zu dieser Offenheit führt. Angestoßen ist dieser wohl schon durch den Regens des Kilianeum in Würzburg, nämlich Kilian Josef Meisenzahl, der von Döpfner als „ein Mann von einer

2 Julius Döpfner, Briefe an Georg Angermaier 1932 bis 1944, hrsg. von A. Leugers, in: K. Wittstadt (Hg)., Julius Kardinal Döpfner 1913 bis 1976 = Würzburger Diözesangeschichtsblätter, 58. Band, Würzburg 1996, 9–100, Zitat: 18 vom 9. November 1933; zu G. Angermaier, vgl. A. Leugers, Georg Angermaier 1913–1945. Katholischer Jurist zwischen nationalsozialistischem Regime und Kirche. Lebensbild und Tagebücher, 2. Aufl., Frankfurt 1997.

ungewöhnlich weiträumigen und eigenwüchsigen Bildung" mit „eigenen theologischen Ideen" beschrieben wird. Er sah in ihm „einen hochgebildeten im besten Sinne liberalen und dabei tieffrommen damaligen Priester"[3]. Er vermittelte den Studierenden auch ein Interesse für Geschichte, Kunst, theologische und philosophische Fragen. Besonders wichtig ist, dass Meisenzahl bei dem Würzburger Theologen Hermann Schell (1850 bis 1906)[4] studierte, der eine Synthese zwischen katholischem Glaubensgut und neuzeitlicher Wissenschaft herzustellen versuchte (1898 Indizierung von Schriften Schells). Für Döpfner zählte Meisenzahl zu jenen Männern „die von Hermann Schell lernten, eigenständig zu denken und aus einer gläubigen Verwurzelung in der Kirche in den Auseinandersetzungen mit der Zeit zu bestehen und den Menschen der Gegenwart Christi Botschaft zu künden"[5]. Meisenzahl verehrte Schell zeitlebens. Man darf wohl den Grund der kritischen Offenheit bei Angermaier und Döpfner in der starken Formung durch Meisenzahl suchen und finden. Von da aus erklärt sich auch die „merkliche Reserviertheit"[6] Döpfners, als dieser im Oktober 1933 an das Germanikum nach Rom geht. In Rom hat Döpfner wohl neben dem offiziellen Studium aus persönlichem Interesse viel zur Verstärkung dieser Offenheit gelesen, nicht zuletzt Bonaventura, Johann Michael Sailer, Max Scheler und gewiss auch Hermann Schell, und öffnet sich dadurch stärker einem konkreten, auf die Geschichte bezogenen Denken. So ist Döpfner schon

---

3 A. Leugers, Georg Angermaier, 10, vgl. auch ebd., 103.
4 Vgl. H. Schell, Die neue Zeit und der alte Glaube. Vier theologische Programmschriften, Würzburg 2006; P.-W. Scheele, Hermann Schell im Dialog, Würzburg 2006.
5 Deutsche Tagespost, Nr. 13, 1974, 5.
6 Vgl. A. Leugers, Georg Angermaier 11, 12, 17 ff.

früh sensibel gegenüber geschichtlichen Entwicklungen und der Dimension der Kirche als Volk Gottes geworden.

Auf diesem Weg beschäftigte sich Julius Döpfner, der am 29. Oktober 1939 – wenige Wochen nach dem Beginn des Zweiten Weltkrieges am 1. September – von Titularerzbischof L. Traglia in der Kirche „Il Gesù" zum Priester geweiht wurde, in seiner theologischen Doktorarbeit mit dem großen englischen Kardinal John Henry Newman, der inzwischen (19. September 2010) nach längeren Bemühungen seliggesprochen worden ist. Aus dem Brief an Georg Angermaier vom 13. September 1935[7] geht allerdings hervor, dass die intensive Beschäftigung mit Newman schon ziemlich früh einsetzt und dass bei der besagten Öffnung auf die moderne Welt hin Anregungen neuerer Autoren auch in regelmäßigen Arbeitsgemeinschaften im Germanikum eine Rolle spielten. Damit wird nun ein Kontrastprogramm zur neuscholastischen Ausbildung deutlicher sichtbar, das insgesamt Döpfner wohl entscheidender prägte, als seine Biografen bisher gesehen haben: die Nähe Newmans zu Plato, zur Bibel, zu den Kirchenvätern, zur Glaubenserfahrung, zum Konkreten und zu den prägenden Kräften der Geschichte. Die Dissertation „Das Verhältnis von Natur und Übernatur bei John Henry Cardinal Newman" wurde 1941 abgeschlossen, erschien jedoch in der vollständigen Fassung erst 1960.[8] Später sagt Döpfner: „Newman hat mir dazu geholfen, Rom – dies gemeint in seinem Reichtum und in seiner Problematik – zu verkraften, ja zu lieben und zwar nüchtern und innig zugleich." – Es braucht

---

7 Vgl. Wittstadt, Julius Kardinal Döpfner, 45 ff.
8 Newman-Studien, 4. Folge, herausgegeben v. H. Fries und W. Becker, München/Leipzig 1960, 269–330.

kaum betont zu werden, dass Döpfner mehr und mehr und erst recht später das Germanikum hoch einschätzte. Im Übrigen wäre hier auch noch die Beziehung zum späteren Wiener Kardinal Franz König (1905–2004) zu erwähnen, der einige Jahre älter war und den jüngeren Döpfner – auch später – stets außerordentlich beeindruckte. Dies gilt auch noch für die Konzilszeit.

Im Herbst 1941 kehrt Döpfner in die Heimatdiözese Würzburg zurück. Drei Jahre arbeitet er in der Pfarrseelsorge. Groß-Wallstadt am Untermain, die Industriestadt Schweinfurt und die nahe gelegene Diasporagemeinde Gochsheim waren die auch später nicht vergessenen Stationen der ersten Priesterjahre. Der durch den Krieg bedingte Priestermangel und bald auch die Luftangriffe forderten dem Kaplan einen fast pausenlosen priesterlichen und sozialen Einsatz ab. 1944 wurde er Präfekt im schon genannten Kilianeum. Der schwere Bombenangriff am 16. März 1945 auf Würzburg beraubte Döpfner aller persönlichen Habe. Er half mit bei der Beseitigung des Schutts und bei ersten Instandsetzungsarbeiten.

Im Jahr 1946 wurde Döpfner von seinem Bischof zur Mithilfe bei der Priesterausbildung gerufen. Für etwas mehr als zwei Jahre wurde er zuerst Assistent, dann Subregens des Priesterseminars im Bistum Würzburg. „Diese Zeit forderte bei der Vielfalt der Aufgaben und in der Improvisation eines mühseligen Anfangs das Letzte, aber die Arbeit mit den Theologen, die aus dem Krieg mit einem unstillbaren geistigen und geistlichen Hunger, mit einer großartigen Bereitschaft heimgekehrt waren, war eine Freude." Außerhalb des Priesterseminars trat Döpfner in dieser Zeit kaum hervor.

III. Als Bischof in der Heimat

Am 30. Mai 1948 starb in Würzburg der 78-jährige Bischof Matthias Ehrenfried. Am 10. August 1948 wurde bekannt gegeben, dass Papst Pius XII. Julius Döpfner zum neuen Bischof von Würzburg ernannt habe. Am 14. Oktober 1948 empfing der damals jüngste Bischof Europas – er war noch nicht einmal 35 Jahre alt – in der noch kahlen, kaum wieder hergestellten Neumünsterkirche von Erzbischof Josef Otto Kolb aus Bamberg die Bischofsweihe. Döpfners früherer Rektor im Germanikum, Pater Ivo Zeiger SJ – damals in einem Sonderauftrag des Vatikans zur Vorbereitung einer Mission in Deutschland tätig –, hatte wohl maßgeblichen Anteil an dieser Ernennung, die man im Würzburger Domkapitel und Ordinariat offenbar eher zurückhaltend beurteilte[9]. Die Laien fühlten sich durch den jungen Bischof jedoch rasch angesprochen. Die pastoralen Aufgaben waren durch die Kriegszerstörungen, die Eingliederung der Heimatvertriebenen, die wirtschaftliche Not wie auch durch das Erfordernis neuer geistiger und ethischer Orientierung riesengroß. Die Stadt war ein Trümmerfeld. Der junge Bischof sieht sehr klar: „Weite Bereiche des modernen Lebens sind viel stärker von einem unchristlichen Geist bestimmt als dies bei der großen Zahl der Christen der Fall sein dürfte ... Wir müssen uns auf die innerste Mitte unseres Glaubens besinnen ... Wir suchen eine Lösung, die Bischof, Priester und Volk im Allertiefsten zusammenbindet. Dies alles lag mir in dem Wort des Völker-

9 Vgl. K. Wittstadt, in: Julius Kardinal Döpfner, 107.

apostels: ‚Nos autem praedicamus Christum Crucifixum'"[10]. Immer stärker wird seine Hinwendung zur Theologie des hl. Paulus.

Schwerpunkte der Würzburger Jahre waren die Neuerrichtung von 43 und die Wiederherstellung von 48 Kirchen, die Gründung des heute noch aktiven St. Bruno-Werkes für den Wohnungsbau, der Aufbau einer zeitgemäßen kirchlichen Erwachsenenbildung, die Förderung des Laienapostolats durch eine Integration bestehender Verbände. Aus dieser Zeit ist das oft missverstandene, im vollen Text jedoch korrekte Wort entstanden „Wohnungsbau ist heute in Wahrheit Dombau, Wohnungssorge ist Seelsorge".[11]

In dem relativ homogenen Raum des Bistums suchte der junge Bischof Döpfner auch ein gutes Verhältnis zur evangelisch/lutherischen Kirche, die dort im Ganzen als Minderheit lebte. Man muss dies gerade dann sagen, wenn man den berühmten Fall „Ochsenfurt" erwähnt. Im Sommer 1953 sollte dort eine Zuckerfabrik eröffnet werden. Döpfner lehnte eine Beteiligung bei der Segnung ab, weil auch – gegen die getroffenen Vereinbarungen – der evangelische Dekan sich an diesem gottesdienstlichen Akt beteiligen wollte. „Es war für mich die schwerste Prüfung meiner fränkischen Jahre. Ein Sturm ging durch das Land. Der Bischof von Würzburg stand auf einmal da als sturer, konfessionell engherziger Kirchenmann … Aber dieses ‚Image', das mir nach Ochsenfurt zufiel, entsprach in keiner Weise meiner innersten Intention. Ich hatte in den vorausgehenden Jahren vielleicht mehr als manch anderer Bischof in den regelmäßi-

---

10 1 Kor 1,23, ebd., Wittstadt, 107.

11 Vgl. ebd., 108 f. Es gibt ein ähnliches Wort von Joseph Kardinal Frings für Köln.

gen Predigten zur Weltgebetsoktav das ökumenische Anliegen, die Sorge um die Einheit der Christenheit immer wieder entwickelt und mich um ein gutes Verhältnis zu den evangelischen Christen bemüht." Selbstkritisch sagte Döpfner später, er würde jedoch manches differenzierter formulieren und die Situationen behutsamer abwägen.[12] Dennoch bleibt eine wichtige Perspektive auch für das Gesamtbild Döpfners gültig: Bei aller Bereitschaft zur Kooperation und zum Austragen von Konflikten auf dem Weg des Gesprächs war und blieb er im unveräußerlichen Kernbereich des christlichen Glaubens ein Mann des entschiedenen Bekenntnisses und einer unmissverständlichen Sprache. „Alles klare Zupacken in der Auseinandersetzung geschah stets aus der Verantwortung von der Botschaft Christi und aus der Sorge für die Menschen. Es ist ja keineswegs so, dass die Jahre nach dem Krieg Zeit einer Windstille gewesen seien. Wer Zeitungsbände von damals durchschaut, wird erstaunt sein über die Unzahl von Konfrontationen, Bedrohungen und Gefahren, die am Horizont sichtbar wurden … Schon damals musste der Kampf um die Erhaltung der Grundwerte geführt werden. Ich brauche rückblickend nicht zu bedauern, dass ich in jenen Jahren Gefahren und bedenkliche Haltungen ungeschminkt beim Namen nannte." Dies darf bei einer Gesamtbeurteilung seiner Person und seines Werkes nicht vergessen werden.

Die klare Erkenntnis der Situation führte auch zu einigen eindeutigen Betonungen der Aufgabe der Kirche. Döpfner sah, dass der Christ in einem höheren Maße als bisher der personal verantworteten Glaubensentscheidung in der Gemeinschaft der Kirche bedarf. Es ging ihm auch um ein neues Verhältnis zwischen Amtsträgern und

12 Vgl. ebd., 109 ff.

Laien, um eine Verlebendigung der Ortsgemeinde und um ein neues Zueinander von geistlicher Erfahrung und Zuwendung zur säkularen Welt. Im Übrigen greift er auch das bekannte Wort von P. Ivo Zeiger „Deutschland sei Missionsland geworden" auf. Döpfner besinnt sich – wie schon erwähnt – auf die künftige Rolle des Laienapostolates. Deshalb braucht es auch eine Fortbildung und selbstständige Information der Laien. Nicht zuletzt dies ist der Grund, warum der Bischof von Würzburg im Jahr 1950 die Domschule als Akademie für die Erwachsenenbildung gründet, ein Vorbild für viele andere Bistümer. In einer ähnlichen Perspektive erblickt Döpfner einen Neuansatz in der kirchlichen Jugendarbeit. Er stützt den BDKJ und die übrigen Jugendverbände, nicht zuletzt auch die Katholische Aktion. Konsequent sorgt er sich um eine zeitgerechte und zukunftsoffene wissenschaftliche und pastorale Heranbildung des Klerus. Er selber greift immer wieder Zeitfragen auf, die er mit wissenschaftlicher Gründlichkeit darstellt. Schließlich darf auch die Erneuerung der Liturgie mit einem ausgeprägten tiefen Sinn für den modernen Kirchenbau nicht fehlen. Besondere Energie setzt Döpfner selbst ab 1954 für die Neugestaltung des Domes ein. Bei allen Veränderungen mahnt er jedoch stets gegenüber einer Versuchung zu bloß äußeren Reformen eine innere Erneuerung an. Er will kein Funktionärstum fördern.

Schließlich beruft Döpfner im Herbst 1954 eine Diözesansynode ein, die seine Bemühungen zusammenfassen sollte, von denen eben die Rede war. Aus diesem Programm spricht ein großer Mut, sich der Gegenwart zu öffnen und die Zuversicht, dass auch die Kirche in einer veränderten Epoche ihren Weg der lebendigen Vergegenwärtigung der Glaubensbotschaft finden wird und gehen kann. Deutlich sind zehn Jahre vor dem Konzil seine

Worte im Jahr 1952: „Der katholische Mensch ist weltoffen. Es ist unkatholisch, rückständig zu sein, ins Ghetto zu flüchten, diese Welt und diese Zeit sich selbst zu überlassen. Unser Jahrhundert mit seinen Strömungen in Kultur, Wirtschaft und Politik ist des Herrn und ist somit uns als Aufgabe gestellt."[13]

Man sieht bereits hier, wie sehr Bischof Döpfner überzeugt war, dass eine neue pastorale Grundorientierung notwendig ist. Weder eine rückwärtsgewandte Abkapselung noch eine billige Anpassung stellen eine Lösung dar. Dies alles wird in der eben genannten Schlusspredigt der Fuldaer Bischofskonferenz aus dem Jahr 1952 sehr deutlich. Man muss sich der Gegenwart und der Welt öffnen, aber dabei das Vertrauen in die Botschaft Gottes bewahren und in die Überzeugung, dass auch die Kirche in einer veränderten Zeit ihren Weg der Erneuerung finden wird und gehen kann. Damit ist, wie schon gesagt, zehn Jahre vor dem Konzilsbeginn die Grundidee in Richtung des Zweiten Vatikanischen Konzils formuliert. Was später als Aufgabe des Konzils beschrieben wird, nämlich den Übergang in eine Neuzeit der Welt und der Kirche vorzubereiten, ist hier grundgelegt. Später wird das Konzil, besonders von G. Alberigo,[14] als ein Ereignis des „epochalen Übergangs" verstanden. Hier liegen auch die Wurzeln für die große Nähe zwischen Papst Johannes XXIII. und Kardinal Döpfner.[15]

13 Wittstadt, Julius Kardinal Döpfner, 1996, 115.
14 Vgl. Transizione Epocale, Bologna 2009; ders., Die Fenster öffnen. Das Abenteuer des Zweiten Vatikanischen Konzils, 2. Aufl., Zürich 2007.
15 Vgl. dazu P. Pfister/G. Treffler, Das Verhältnis von Papst Johannes XXIII. und Kardinal Julius Döpfner, in: Cristianesimo nella storia, 25 (2004), 695–717.

IV. Vier wichtige Jahre in der Frontstadt Berlin

Acht Jahre lang hatte Julius Döpfner das Bistum Würzburg geführt.[16] Er wurde dort für alle Gruppen zu einer Identitätsfigur. Alle großen Themen Döpfners finden sich bereits hier. Dabei ist immer wieder auch die Glaubensstärke Döpfners imponierend, mit der er seine Aufgaben durchtrug. Doch sollte ein ganz neuer Auftrag auf ihn zukommen. Am 15. Januar 1957 wurde Döpfner von Papst Pius XII. zum Bischof von Berlin ernannt. Die dortige Situation war politisch und auch kirchlich äußerst schwierig. Die Viersektorenstadt und die extreme Diasporasituation stellten vor viele Probleme. Es gab auch im Blick auf die bisherige Kirchenpolitik in Berlin und in der DDR unter den Bischöfen eine Reihe von Spannungen. Später erklärte Döpfner: „Der Abschied von der Heimatdiözese fiel mir sehr schwer. Mir war bange vor der ganz anderen Aufgabe in dem geteilten Bistum. Die Berliner Katholiken machten es mir in ihrer spontanen, herzlichen Art leicht, in der Diözese rasch heimisch zu werden." 60 000 Katholiken aus allen Teilen des großen Bistums kamen im Juni 1957 zum Begrüßungsgottesdienst in das Olympia-Stadion. Schon als Bischof von Würzburg hatte sich Döpfner dem thüringischen Dekanat Meiningen auf dem Gebiet der DDR mit besonderer Liebe zugewandt. In Berlin folgten Fahrten in die Diasporage-

16 Vgl. dazu auch insgesamt den Vortrag Döpfners vom 11. Juli 1976: Meine fränkischen Jahre, in: O. Neisinger, Julius Cardinal Döpfner, 90–98.

biete Brandenburgs und Pommerns, Dekanatstage und Wallfahrten, auf denen der Unterfranke die ganze Armut der Diaspora erfährt. Höhepunkt war die große Elisabeth-Wallfahrt nach Erfurt mit 80 000 Gläubigen.

Zusehends verschärfte sich jedoch der Druck, vor allem in den Schulen und Internaten, durch die Werbung für die atheistische Jugendweihe, durch mannigfache Einschränkungen der Glaubens- und Gewissensfreiheit. Für die Betätigung in gewissen Berufen wird die Distanz zu Glaube und Kirche Voraussetzung. Ein Hirtenbrief, den Bischof Döpfner zu Beginn der Fastenzeit 1958 über die christliche Familie schreibt, wird eingezogen. Dafür muss in der nächsten Ausgabe des St. Hedwigs-Blattes eine mehrseitige Stellungnahme des DDR-Presseamtes veröffentlicht werden, in der es heißt, der Hirtenbrief habe eine „verleumderische Entstellung der wahren Verhältnisse in der Deutschen Demokratischen Republik" enthalten. Die Bischöfe der DDR antworten mit einem Kanzelwort, in dem erneut die Einschränkung der Glaubensfreiheit beklagt wird.[17]

Als Bischof Döpfner bald darauf zu einer Jugendwallfahrt in die DDR fahren wollte, wurde ihm – wie schon kurz zuvor dem evangelischen Bischof von Berlin, Otto Dibelius – die Einreise verweigert. Beide Bischöfe sollten nie mehr die Erlaubnis zu einem Besuch ihrer Gemeinden in der DDR erhalten. „Als hätte ich geahnt, dass sich bald eine Wendung ergäbe, habe ich mich im ersten Jahr bemüht, möglichst viele Gemeinden der DDR zu besuchen. Im Sommer 1958 wurde mir das verboten. Es war schmerzlich, Bischof einer Diözese zu sein, die mir zu einem großen Teil versperrt war. Der Katholikentag 1958

---

17 Zur Berliner Zeit und der politischen Situation vgl. K. Wittstadt, Julius Kardinal Döpfner, 2001, 122–168 (Lit.).

war dann die letzte große, gemeinsame Begegnung der deutschen Katholiken. Er gehört in seiner Glaubensinnigkeit und der tiefen Erfahrung der Gemeinschaft der Kirche zu den größten Erlebnissen meiner Bischofsjahre. Im Übrigen waren diese Berliner Jahre besonders gekennzeichnet von der Auseinandersetzung mit der fortschreitenden weltanschaulichen Verhärtung der Machthaber des kommunistischen Systems in der DDR. Die Geschlossenheit der Bischöfe, Priester und Gläubigen war ein starker Halt in dieser Anfechtung." Nur noch über den Rundfunk konnte Bischof Döpfner in dieser Zeit die Gläubigen in der DDR erreichen.[18] Während des Katholikentags 1958 wurde der Entschluss gefasst, in Berlin-Plötzensee in der Nähe der Hinrichtungsstätte vieler Opfer der nationalsozialistischen Diktatur die Gedenkkirche „Maria Regina Martyrum" zu errichten.[19] Döpfner erbat für die Bistumsteile außerhalb Berlins einen in Ostberlin residierenden Weihbischof. Im Juni 1959 konnte Dr. Alfred Bengsch geweiht werden, der bald sein Nachfolger werden sollte.

Die Freude in Berlin und in ganz Deutschland war groß, als Bischof Döpfner am 15. Dezember 1958 zum Kardinal erhoben wurde. „Zweifellos wollte Papst Johannes durch diese Kardinalserhebung in jungen Lebensjahren nicht nur Bischof Döpfner auszeichnen, sondern auch die besondere Verbundenheit der Gesamtkirche und des Papstes mit dem geteilten Deutschland und mit dem schwer

---

18 Vgl. die beiden Bände „Wort aus Berlin. Rundfunkansprachen und Predigten des Bischofs von Berlin; 2 Bände, Morus-Verlag, Berlin 1960/6.

19 Vgl. zum 50. Jahrestag der Weihe dieser Gedenkkirche den Erinnerungsband: Gedenkkirche Maria Regina Martyrum Berlin, hrsg. von F. Pfeiffer, Lindenberg 2013.

geprüften Bistum Berlin zum Ausdruck bringen."[20]
Döpfner, der u.a. mit den Kardinälen Franz König
(Wien) und Giovanni Battista Montini (Paul VI.) zu dieser Ehre kam, war für einige Zeit der jüngste Kardinal in
der ganzen Welt. Überhaupt war Döpfner seit dem Katholikentag 1958 in Berlin für die breite Öffentlichkeit zu
einem der ersten Repräsentanten der katholischen Kirche in Deutschland geworden. Je mehr die Möglichkei-
ten seines bischöflichen Wirkens im Bereich der DDR
eingeschränkt wurden, umso mehr packte er grundlegende Fragen und Aufgaben der Kirche in ganz Deutschland an. Bei der Kirchweihfeier für die zerstörte St. Hed-
wigs-Kathedrale hielt er z.B. 1960 seine große Predigt
zur Versöhnung mit Polen. „Wir wollen in beiden Völkern, umfangen von der Gemeinschaft unserer heiligen
Kirche, innerlich gelöst von bitteren Erinnerungen an die
Vergangenheit, frei von allen ideologischen Verdächti-
gungsversuchen und von dem Bestreben, einander Lösungen aufzuzwingen, in der Liebe Christi uns mühen,
den Frieden zwischen unseren Völkern zu sichern, und
so der friedvollen Einigung unter den Völkern Europas
die Wege bereiten. – Wollen wir nicht über das Grab der
hl. Hedwig hinweg uns die Hände reichen, um ein festes
Band des Friedens neu zu knüpfen! Lasst es mich noch
schlichter sagen: Beten wir demütig und inständig, dass
uns Gott auf die Fürbitte dieser heiligen Frau, deren Mut-
terherz unsere Völker liebend umschließt, in allen Teilen Polens und Deutschlands wahre Freiheit, rechte Einheit und dauerhaften Frieden schenke." Mit dieser Predigt
des Jahres 1960 war ein starker Impuls gegeben, der zu
kontinuierlichen Bemühungen der polnischen und deutschen Katholiken um Frieden und Versöhnung führte

20   K. Forster, Julius Kardinal Döpfner, 671.

und in dem geradezu dramatischen Briefwechsel zwischen dem polnischen und dem deutschen Episkopat während und am Ende des Zweiten Vatikanischen Konzils (November/Dezember 1965) einen ersten Höhepunkt erreicht hatte. Hier muss auch Döpfners Präsidentschaft in „Pax Christi", gleichsam der internationale Ableger der katholischen Friedensbewegung in Deutschland, genannt werden.

V. Abschied von Berlin in schwieriger Stunde

Als der Erzbischof von München und Freising, Joseph Kardinal Wendel, am Silvesterabend 1960 plötzlich starb, ahnten und fürchteten die Berliner Katholiken eine Berufung ihres Bischofs nach München. Er selbst hatte immer wieder den Wunsch wiederholt, in der geteilten Stadt bleiben zu können. Dennoch ernannte Papst Johannes XXIII. Kardinal Döpfner am 3. Juni 1961 zum Erzbischof von München und Freising. Am 14. August 1961 legte der neue Erzbischof dem Münchener Domkapitel sein Ernennungsschreiben vor. Am Tag davor war in Berlin mit dem Bau der Mauer begonnen worden. Der Weggang von Berlin war unter dem Eindruck des Baus der Mauer sowohl für den Kardinal wie auch für das Bistum ungewöhnlich schwer. „Bistum unter dem Kreuz" war das Thema seiner Ostberliner Abschiedspredigt am 15. August, nachdem er nur zum Zweck des Abschieds und zu Fuß den Ostteil der Stadt betreten durfte. Zum Abschied sagte Döpfner am 10. Juli 1981: „Ich beuge mich dem Ratschluss Gottes und will mit der gleichen Bereitschaft, mit der ich – auch nach einem schweren Abschied von Würzburg – hier in Berlin begann, in München der Kirche und den Menschen zu dienen suchen … Aber es fällt mir sehr schwer, von hier wegzugehen, ich habe diese Stadt lieben gelernt, wuchs zusammen mit der Not, der Sendung der Kirche und der Menschen in Berlin und im weiten mitteldeutschen Land."[21]

21 Wort aus Berlin II, 82 f.

Rückblickend muss man erkennen, dass ein weiteres Wirken Kardinal Döpfners durch die Mauer auf den Westteil Berlins eingeengt worden wäre. Die Ernennung des in Ostberlin lebenden Weihbischofs Dr. Alfred Bengsch zum Nachfolger Döpfners ermöglichte wenigstens ein Minimum der kirchlichen und pastoralen Verbundenheit zwischen den Teilen des Bistums. Dennoch sind die vier Jahre des Berlinaufenthalts von größter Bedeutung für das Ausreifen von Döpfners Persönlichkeit. „Für sein bischöfliches Wirken wechselten die Situationsbedingungen von einem altehrwürdigen Bistum mit ununterbrochener katholischer Tradition, von einem einigermaßen überschaubaren geografischen Raum zu einem erst 1929 im Zusammenhang mit dem Preußischen Konkordat entstandenen Bistum der riesigen territorialen Ausdehnung, der verstreuten katholischen Diasporagemeinden, der Aufteilung durch eine politische Grenze, die zugleich Grenze zwischen den Einflussbereichen liberal verstandener demokratischer Freiheiten und totalitärer Ansprüche einer atheistischen Ideologie war. Die äußeren Bedingungen führten zu einer Verstärkung der schon in den Würzburger Jahren grundgelegten Erfahrung, dass kirchliche Führung und Wegweisung in einer säkularisierten Welt nur aus der Atmosphäre einer breit angelegten brüderlichen Kooperation und des unbedingten persönlichen Vertrauens wirksam werden können. – Die Berliner Jahre forderten und weckten aber zu den Fähigkeiten des profilierten und zugleich menschlich verbindlichen Umgangs mit nichtkatholischen Gruppen in der Gesellschaft Formen ökumenischer Gemeinsamkeit, kirchenpolitische Initiativen und Reaktionen einem die kirchliche wie die menschliche Freiheit bedrängenden Regime gegenüber. Diese besonderen Erfahrungen eröffneten dem Kardinal auch das Verständnis für außereuropäische

Situationsbedingungen des kirchlichen Lebens und die Nähe zu den pastoralen Problemen im gesamten kommunistischen Machtbereich, wie sie für seine spätere intensive und gestaltende Anteilnahme an einer gesamtkirchlichen Erneuerung unerlässlich waren."[22]

So waren zwar viele Erfahrungen schon in Würzburg grundgelegt, die Berliner Zeit hat Bischof Döpfner jedoch härter und zugleich offener, entschiedener und noch weiter werden lassen. Berlin war also eine unerlässliche Schule geworden auf dem Weg zur größeren Teilnahme an der weltkirchlichen Verantwortung, die auf den Münchener Erzbischof zukommen sollte.

---

22 K. Forster, Julius Kardinal Döpfner, 673.

VI. Die Anfänge in München

Am 30. September 1961 wurde Kardinal Döpfner vom damaligen Apostolischen Nuntius in Deutschland und späteren Kardinal, Erzbischof Corrado Bafile, als Erzbischof von München und Freising inthronisiert. So schwer der Abschied in Berlin wurde, Döpfner fühlte sich im oberbayerischen Voralpenland rasch zu Hause. Ursache dafür war nicht nur die Liebe des Bergsteigers zur einheimischen Alpenwelt, sondern auch eine in gediegenem Studium begründete persönliche Beziehung zur Geschichte und Kultur Bayerns. Kardinal Döpfner wusste jedoch, dass ihn in München eine schwierige seelsorgliche Situation erwartete. „Er wusste, dass München eine Stadt reicher katholischer Tradition, zugleich jedoch immer auch eine Stadt des liberalen Geistes, der kritischen Skepsis, einer seltsamen Mischung aus behäbiger Gemütlichkeit und aus der Unruhe neu aufflackernder Veränderungsbewegungen war … Der Rückgang des regelmäßigen Gottesdienstbesuches der Katholiken auf etwa 20%, in den folgenden Jahren auch der beachtliche Prozentsatz der ungetauft bleibenden Kinder von Katholiken und ähnliche Zahlen der Pastoralstatistik deuteten darauf hin, dass der Kreis der aktiv am Gemeindeleben Teilnehmenden auch in der Millionenstadt München in mehr als nur einer Hinsicht in einer Diaspora-Situation lebte … Dazu kam, dass nicht nur die Landeshauptstadt München ein Konzentrationsraum von pastoralen Problemen war, wie sie unter städtischen Intellektuellen und unter den Industriearbeitern häufig anzutreffen sind. Auch die Fremdenverkehrsorte des Oberlandes brachten

spezifische Schwierigkeiten und die stark traditionsge-
bundene bäuerliche Bevölkerung war keineswegs nur von
einem konservativen Festhalten am Bewährten und Gül-
tigen, sondern auch von einer bedenklichen Veräußerli-
chung des Brauchtums geprägt."[23]

Kardinal Döpfner verstärkte die pastoralen Initiativen seines Vorgängers Kardinal Wendel, dem er im Übrigen
freundschaftlich verbunden war. So brachte er im Jahr
1962 den Bau der Katholischen Akademie in Bayern zum
Abschluss und förderte damit eine neuartige Einrichtung
des Gesprächs in der Gesellschaft, die heute nicht mehr
wegzudenken ist. Eine Reihe von wichtigen Rahmen-
regelungen folgte: das neue Dekanestatut im Jahre 1967,
die Beauftragung der ersten Laien als Kommunionhelfer
im Jahre 1968, 1971 wurde eine neue kirchliche Raum-
ordnung abgeschlossen, im Juli 1971 wurden die ersten
Pastoralassistenten durch den Kardinal zu ihrem Dienst
beauftragt, 1972 wurde mit der Errichtung der ersten
Pfarrverbände begonnen. 1973 trat eine Neuregelung der
Firmungsvorbereitung in Kraft. Längerfristige Aufgaben
sah Döpfner in der liturgischen Erneuerung und in der
Beteiligung aller Glieder der Kirche an der Verantwortung für das Ganze der Kirche. So hat er auch für die Zusammenarbeit mit den nachkonziliar aufgebauten Räten
auf Bistumsebene viel Mühe aufgewendet. Die Eintei-
lung des Bistums in drei Regionen (München, Nord und
Süd) und die Beauftragung von drei Weihbischöfen mit
ihrer Leitung (September 1968) sollten der Verstärkung
der unmittelbaren Verbindung zwischen den Bischöfen
und den Pfarrgemeinden dienen. – Einen schweren
Schlag bedeutete für Döpfner der Verlust seines ehema-
ligen Generalvikars Matthias Defregger als Regionalbi-

23 Ebd., 674 f.

schof. Defregger konnte als Offizier im Jahr 1944 eine Geiselerschießung von Dorfbewohnern in Italien nicht verhindern, die wegen der Erschießung von vier deutschen Soldaten verhängt worden war. Er selbst war an der Exekution nicht beteiligt. Obgleich alle Verdächtigungen gegen Defregger gegenstandslos sind, musste Döpfner die persönliche Entscheidung Defreggers im Herbst 1970, das Amt eines Regionalbischofs nicht weiter auszuüben, schmerzlich respektieren. Defregger wurde Bischofsvikar für die Orden.[24]

Die Verdienste Döpfners als Metropolit der Münchener Kirchenprovinz und als Vorsitzender der Bayerischen Bischofskonferenz – beide Ämter begleitete er von Amts wegen – dürfen in unserem Zusammenhang übergangen werden. Noch von Berlin aus richtete der Berliner Bischof im November 1959 wichtige Voten vor allem zum säkularen und christlichen Menschenbild als Themen des Konzils nach Rom. In diesen Eingaben betonte Döpfner immer wieder, dass sich die Kirche den Fragen der Welt stellen muss, weil sie nur dann Heilsereignis für die Welt werden kann. Vieles lag auf der Linie der Konzilsidee von Johannes XXIII. Manches, was Döpfner in diesen Jahren schrieb und sagte, wurde Allgemeingut des Konzils.

---

24 Vgl. Einzelheiten bei K. Wittstadt, Julius Kardinal Döpfner, 2001, 285 f., 300–304.

VII. Bedeutung für das Konzil

Kardinal Döpfner fiel während des Zweiten Vatikanischen Konzils und in der nachkonziliaren Zeit ein großes Maß an Verantwortung zu bei der Führung der Gesamtkirche. Noch als Bischof von Berlin war er von Papst Johannes XXIII. in die Zentralkommission zur Vorbereitung des Konzils berufen worden (5./6. Juni 1960). Am 11. Oktober 1962 – ein Jahr nach der Übernahme des Erzbistums München und Freising – begann die erste Sitzungsperiode des Konzils. Schon am Anfang gehörte er zusammen mit Kardinal Frings und Kardinal König zu den Konzilsteilnehmern, die auf den notwendigen Spielraum der Entscheidung für die Konzilsväter bedacht waren. So gehörte er zu den entscheidenden Gestalten, die zur Selbstfindung des Konzils Wesentliches beigetragen haben. Im Dezember 1962 wurde er in die Koordinierungskommission berufen, der in der Durchführung eines von Kardinal Suenens eingebrachten und angenommenen Vorschlags zur Neuordnung der Themen des Konzils und zu ihrer Konzentration (vor allem „Kirche nach innen – Kirche nach außen") eine entscheidende Bedeutung zukam.[25] Am 9. September 1963 wurde Kardinal Döpfner zusammen mit den Kardinälen Agagia-

---

25 Zur Zusammenarbeit und überhaupt zum Verhältnis von Döpfner und Suenens vgl. G. Treffler, Kardinal Léon-Joseph Suenens und Kardinal Julius Döpfner, in: Das Zweite Vatikanische Konzil, hrsg. von F. X. Bischof, 81–91, mit wichtigen Hinweisen auf die Belgische Literatur. Vgl. auch L.-J. Suenens, Kirche und Bischofsamt nach dem Zweiten Vatikanischen Konzil, in: In Memoriam Julius Cardinal Döpfner, München 1977.

nian, Suenens und Lercaro mit der neu geschaffenen Funktion eines Moderators für das Konzil beauftragt. „Die Moderatoren sollten im weiteren Fortgang mehr als das von Anfang an bestehende Präsidium gewissermaßen im Sinne einer exekutiven Ergänzung zur Koordinierungskommission eine Schlüsselstellung für den zügigen Gang der Beratungen, für die Abklärung strittiger Fragen zwischen Papst und Konzil, aber auch für manche Aufgaben in der Gestaltung einzelner konziliarer Vorlagen einnehmen."[26]

Mit den beiden Moderatoren Suenens und Lercaro, mit denen Döpfner schon sehr bekannt war, leistete der Erzbischof von München und Freising einen großen Dienst für das Gelingen des Konzils. Kardinal Agagianian hatte eine etwas andere Ausrichtung. Die Moderatoren hatten während der vier Sitzungsperioden in der Regel jede Woche ein Gespräch mit Paul VI. Allein dies gab ihnen einen hohen Einfluss. Wie sehr Paul VI. Kardinal Döpfner schätzte, geht aus der Tatsache hervor, dass der neue Papst am Tag seiner Amtseinführung, 30. Juni 1963, den Münchener Kardinal zu einer eigenen Audienz empfing, bei der er Döpfner um ein Gutachten über die Weiterarbeit des Konzils bat.[27] Bereits am 19. Juli sandte Döpfner Paul VI. seinen Text zu mit der Überschrift „Überlegungen zur Fortführung des Konzils". Später erhielt dieser Text in der Literatur die Bezeichnung „Döpfnerplan".[28] Immer wieder hat sich Döpfner zum Konzilsablauf geäußert, nicht zuletzt zu einer wirksameren Arbeitsweise.

26 K. Forster, Julius Kardinal Döpfner, 679.
27 Vgl. dazu Wittstadt, Julius Kardinal Döpfner, 2001, 193.
28 Vgl. dazu K. Wittstadt, Julius Kardinal Döpfner, 1996, 135–150. Die Rolle des „Döpfnerplans" muss gewiss nach den Ausführungen Wittstadts nochmals auf seine Wirkung hin untersucht werden.

Sein Einfluss war auch deswegen groß, weil er als tüchtiger Organisator und Koordinator galt.

Im Übrigen hatte Döpfner aber auch schon das hohe Vertrauen des ersten Konzilspapstes. Kardinal Suenens[29] zitiert Papst Johannes XXIII. mit den Worten: „Wenn sie wissen wollen, in welche Richtung mein Herz und meine Begeisterung für das Konzil weisen, folgen sie Kardinal Bea und Kardinal Döpfner." Im Übrigen darf man dankbar sein, dass das Archiv des Erzbistums von München und Freising in vorbildlicher Weise die Dokumente des Zweiten Vatikanischen Konzils, die von Döpfner selbst stammen oder ihn betreffen, zügig veröffentlicht hat, sodass der weiteren Forschung kaum Grenzen gesetzt sind. Ähnliches gilt auch für die Ausstellung „Erneuerung in Christus. Das Zweite Vatikanische Konzil im Spiegel Münchener Kirchenarchive" (Regensburg 2012). Friedrich Kardinal Wetter gebührt großer Dank, dass er 2001 das Archiv der Erzdiözese vor allem für die Dokumente von Julius Döpfner freigab und öffnete.

Wenigstens kurz soll noch darauf hingewiesen werden, dass Döpfner sich im Konzil besonders einsetzte für die Fragen der Liturgiereform, der Kirche, des priesterlichen und bischöflichen Dienstes, des Verständnisses der Offenbarung, der Präsenz der Kirche in der Welt von heute und besonders auch für einzelne Fragen, wie z. B. für die Einrichtung des Ständigen Diakonates.[30] 16 Wortmeldungen sind von ihm während des Konzils verzeichnet,

---

29 Vgl. L. J. Suenens, Kirche und Bischofsamt nach dem Zweiten Vatikanischen Konzil. Vortrag bei der Jahresfeier der Kath. Akademie in Bayern am 1. April 1977 in München, München 1977. Im Übrigen vgl. auch D. Donnelly u. a. (Hg.), The Belgian Contribution to the Second Vatican Council, Löwen 2008.

30 Vgl. dazu auch S. Mokry, in: Erneuerung in Christus, Regensburg 2012, 47–68.

ganz unabhängig von seinen Aktivitäten als Moderator. Neben der Zusammenarbeit mit den Kollegen im Moderatorenamt gab es enge Kontakte über die ganze Konzilszeit mit den Kardinälen B. Alfrink, A. Bea, J. Frings, F. König, A. Liénart, P.-E. Léger, L.-J. Suenens und Erzbischof L. Jaeger. Viel zu sagen wäre über seine Berater.[31] Döpfner ließ sich gerne beraten. Über die Zusammenarbeit und ihren Einfluss wird noch manches erarbeitet werden müssen. Besondere Kontakte gab es mit Prof. Dr. P. Johannes Hirschmann SJ, Prof. Dr. Klaus Mörsdorf, Prof. Dr. Joseph Pascher, Prof. Dr. P. Karl Rahner SJ, Prof. Dr. Michael Schmaus, Dr. Klemens Tillmann, P. Dr. Fritz Wulf SJ. Sein unersetzlicher ständiger Mitarbeiter – auch während des Konzils – und späterer Generalvikar Prälat Dr. Gerhard Gruber[32] darf dabei auf keinen Fall vergessen werden.

Auch nach dem Konzil blieben gewichtige Aufgaben, die Döpfner mit den Problemen der Weltkirche verbunden haben: Mitgliedschaft in den Kongregationen für die Ostkirchen, für den Klerus, für die Evangelisation der Völker; er wurde Vizepräsident der Kommission für die Studien von Bevölkerung, Familie und Geburtenkontrolle (Juni 1966); er blieb Mitglied der Kommission für die Revision des kirchlichen Gesetzbuches und war Mitglied des Rates zur Vorbereitung der Römischen Bi-

---

31 Dazu Karin Nussbaum, Klaus Mörsdorf und Michael Schmaus als Konzilsberater des Münchener Erzbischofs Kardinal Julius Döpfner auf dem Zweiten Vatikanischen Konzil. Eine Untersuchung aufgrund des Konzilsnachlasses Kardinal Döpfners, in: Münchener Theologische Zeitschrift 55 (2004) 132–150. Die Studie bedarf jedoch wesentlicher Ergänzungen.

32 Vgl. seinen Beitrag: Kardinal Julius Döpfner, Um Gottes und der Menschen willen leben. Erinnerung eines Begleiters, in: Beiträge zur Altbayerischen Kirchengeschichte 46 (2001) 257–275.

schofssynode. Außerdem war er jeweils Mitglied der vier Bischofssynoden, die in den Jahren 1967, 1969, 1971 und 1973 stattfanden. Bei den letzten beiden Synoden durfte ich Döpfners Berater in Rom sein.

VIII. Vorsitzender der Deutschen Bischofskonferenz

Wenige Tage vor dem Ende des Zweiten Vatikanischen Konzils, am 2. Dezember 1965, wurde Kardinal Döpfner zum Vorsitzenden der Deutschen Bischofskonferenz gewählt.[33] Im September 1966 konstituierte sich dann die Deutsche Bischofskonferenz nach einem von ihr beschlossenen und vom Heiligen Stuhl approbierten Statut. Die erste sechsjährige Amtsperiode schloss bei der Fuldaer Herbstvollversammlung des Jahres 1971. Kardinal Döpfner wurde für eine weitere Amtsperiode wiedergewählt. In dieser Zeit vollzog sich der Wandel der Bischofskonferenz von periodischen Zusammenkünften zu einer regionalen Zwischeninstanz zwischen den einzelnen Bistümern und der Leitung der Gesamtkirche. Auch wenn die formelle Kompetenz der Bischofskonferenzen für rechtsverbindliche Beschlüsse verhältnismäßig klein gehalten war, so wuchsen doch praktisch viele gemeinsame Aufgabenfelder an. Die Kommunikation und Unterstützung der Weltkirche in vielen Ländern und Kontinenten, die Döpfner gerade in den letzten Lebensjahren intensiv besuchte, können ohnedies nur von mehreren Bistümern zusammen getragen werden. „Die Spannung zwischen dem stetig wachsenden Aufgabenkreis

33 Vgl. dazu das Hirtenwort der deutschen Bischöfe zum Abschluss des II. Vatikanischen Konzils vom 8. Dezember 1965, in: Dokumente der Deutschen Bischofskonferenz, Band 1 (1965–1968), Köln 1998, 37–40; dort findet sich auch der Briefwechsel zwischen den polnischen und deutschen Bischöfen: 1–34.

und dem schmalen Bereich verbindlicher Zuständigkeit forderte vom Vorsitzenden ein Übermaß an Initiative, Überzeugungskraft, Engagement und Geduld. Es gelang Döpfner diesen Gegensatz, der sich gelegentlich in einem unnötigen Pochen auf Kompetenzen oder auch in Verdächtigungen bemerkbar machte, weithin durch seine persönliche Glaubwürdigkeit und Offenheit in die Chance einer freiwilligen Solidarität zu wandeln."[34] Döpfner war sehr viel daran gelegen, die im Glauben gründende Verantwortung des einzelnen Bischofs für die jeweilige Diözese zu respektieren. Dass es dennoch und gerade aus dieser Freiheit heraus zu einer hohen Einmütigkeit kam und der deutsche Episkopat bei allen Unterschieden im Einzelnen in den wesentlichen Fragen eine lebendige Einheit bildete, dies ist zweifellos das Verdienst Kardinal Döpfners.

Döpfners grundlegende geistig-geistliche Ausrichtung zeigte sich auch in der Führung der Deutschen Bischofskonferenz. Das Gebet und die Besinnung, Gottesdienst und Schriftlesung hatten ihren festen Platz. Er wusste um die innere Gefährdung einer immer größer werdenden Bischofskonferenz mit ihren unzähligen Aufgaben. Auf ihn selbst gehen darum auch die „Studientage" der Deutschen Bischofskonferenz zurück: einen Tag (oder wenigstens einen halben) im Frühjahr und im Herbst widmen die Bischöfe einer

---

34 K. Forster, Julius Kardinal Döpfner, 681. Vgl. auch K. Lehmann, Zuversicht aus dem Glauben, Freiburg i. Br. 2006, 13–17, 21–35, 539–546; St. Voges, „… drängen sich ernste gefahrvolle Aspekte auf". Die Berichte Julius Kardinal Döpfners als Vorsitzender der Deutschen Bischofskonferenz 1968–1970, in: „Kräftig vorangetriebene Detailforschungen". Aufsätze für Ulrich von Hehl zum 65. Geburtstag, hrsg. von R. Lambrecht/U. Morgenstern, Leipzig 2012, 135–154.

theologischen Frage oder einer pastoralen Aufgabe, um sich ohne unmittelbaren Entscheidungsdruck ausführlich und gemeinsam mit einer wichtigen Sache zu befassen. Die geistig-theologische Begründung von Glaube und Pastoral war Döpfner stets ein Anliegen. Er wusste, dass dafür neue Formen gesucht werden mussten. Zu erwähnen sind die großen Lehrschreiben[35] der Deutschen Bischofskonferenz zur Glaubensverkündigung vom 22. September 1967 und zum priesterlichen Amt vom 10./11. November 1969. In derselben Richtung liegt auch Döpfners Interesse für das in 12 Faszikeln in den Jahren 1970–1973 erschienene „Pastorale" (Handreichung für den pastoralen Dienst). Es ist darum nicht zufällig, dass Kardinal Döpfner selbst manche Jahre den Vorsitz der Pastoralkommission innehatte.

Kardinal Döpfner wich wichtigen Fragen und Auseinandersetzungen nicht aus. Dies zeigte sich vielleicht am folgenschwersten beim Erscheinen der Enzyklika „Humanae Vitae" vom 25. Juli 1968. Döpfner selbst hat in der vom Papst eingesetzten schon genannten Kommission als Vizepräsident das Mehrheitsvotum mitvertreten, das sich der Papst schließlich nicht zu eigen machte. Kardinal Döpfner spürte die pastorale Verantwortung für die Bundesrepublik Deutschland, wo eine kritische Situation entstand, die sich vor allem auf dem Essener Katholikentag zu Beginn des Monats September 1968 offenbarte, und seine Verantwortung für die Einheit der Kirche. Die sogenannte „Königsteiner Erklärung" vom 30. August 1968, für deren Zustandekommen Döpfner sich persön-

---

35 Vgl. ausführlicher die Dokumente der Deutschen Bischofskonferenz, Band 1 (1965–1968), 2 (1969–1970), Köln 1965 und 2010. Hier auch die wichtigsten Texte zur Gemeinsamen Synode.

lich sehr engagierte,[36] bedeutet den Versuch, diesen Konflikt auszutragen. „Ihre Verabschiedung war eine der ernstesten Bewährungsproben für die junge Institution der Deutschen Bischofskonferenz. Wie immer ihr Inhalt einmal in der turbulenten Geschichte und der Pastoral jener Jahre im Einzelnen zu beurteilen sein wird – es ist gelungen, die Gewissen der Gläubigen anzusprechen, die pastorale Situation zu treffen und dabei die Einheit mit dem Papst nicht zu gefährden. Es war dem Kardinal ein ernstes persönliches Anliegen, sich möglichst bald im unmittelbaren Gespräch dem Papst zu stellen. Er war sichtlich beglückt darüber, dass dabei sein pastorales Motiv und der Ernst seiner ethischen Erwägungen uneingeschränkt gewürdigt wurden, wenn auch im konkreten Ergebnis die Differenz bestehen bleiben musste."[37] Es sei nicht verschwiegen, dass Kardinal Döpfner trotz seines grundsätzlichen Festhaltens an der „Königsteiner Erklärung" tief enttäuscht war über ihre zahlreichen Fehlinterpretationen in Theorie und Praxis.[38] Auch heute noch bedrängt uns diese Thematik, die Julius Döpfner bis in die letzten Wochen seines Lebens beschäftigte.[39]

---

36 Vgl. Dokumente der Deutschen Bischofskonferenz, Band 1, 463 f., 465 ff., 472 ff., 499 f., 501 ff.

37 Ebd.

38 Vgl. Wittstadt, , 2001, 228 ff.

39 Vgl. dazu K. Lehmann, Zuversicht aus dem Glauben, 175–200.

IX. Präsident
der Gemeinsamen Synode

Schon bald nach dem Konzil hat Kardinal Döpfner er-
kannt, dass die Grundprobleme der Pastoral in den Bistümern der Bundesrepublik Deutschland eine einheitli-
che Ausrichtung und Lösung brauchen. So hat er von
Anfang an das Bemühen um die Gemeinsame Synode
der Bistümer in der Bundesrepublik Deutschland (1971–
1975) gefördert, wenn er sich auch nach außen hin eher
etwas zurückhielt. Hier stand er in engem Kontakt mit
dem späteren Kardinal Franz Hengsbach, Bischof von Essen.[40]
Kardinal Döpfner hat der Synode in den letzten Jahren
seines Lebens einen beträchtlichen Teil seiner Zeit gewidmet. Er ist ihr anerkannter Führer geworden, wie die
Synode am Schluss, bei der Dankesrede, mit fast stürmi-
schen Ovationen selbst bezeugte. Auf der Gemeinsamen
Synode hat er auch immer wieder programmatische Reden gehalten, von denen die letzte im November 1975 am
Ende der letzten Sitzung eine besondere Bedeutung hat.
Die Gemeinsame Synode hat in vielem verhindert, dass
in der Kirche der Bundesrepublik Deutschland zu große
Polarisierungen entstanden sind und dass es auf längere
Zeit hin zu unbeweglichen Extrembildungen erhebli-
chen Ausmaßes gekommen ist. Kardinal Döpfner hat die

---

40 Vgl. St. Voges, Dialog und Demokratie. Die Gemeinsame Syn-
    ode der Bistümer in der Bundesrepublik Deutschland als Rezep-
    tion des Zweiten Vatikanischen Konzils (1965–1971), Diss.
    masch., München 2011.

Gemeinsame Synode in der Funktion dieses Dienstes an der Einheit der Kirche gesehen und mit allen Kräften diesen Prozess des Gesprächs zwischen allen Gruppen gefördert. Dabei war es gewiss vor allem seine Person, die durch ihr Ansehen und ihren Einsatz die oft extremen Flügel in der Diskussion nicht auseinanderbrechen ließ, sondern in Richtung einer gemeinsamen Mitte zusammenführte. Als Synthese kann darum aus seiner letzten Silvesterpredigt des Jahres 1975 die Bedeutung der Würzburger Synode hervorgehoben werden: „Wir wollen einander annehmen und ertragen. Das besagt, dass wir miteinander reden, hinhören, uns informieren lassen, die Motive und die letzte Einstellung des anderen zu verstehen suchen, uns sorgfältig vor Unterstellungen hüten, eigene Missgriffe eingestehen, immer wieder neu mit unserem und der anderen Versagen rechnen und zur Verzeihung bereit sind. Ganz wichtig ist es, dass wir die umfassende Gemeinschaft der Kirche gelten lassen, ja uns ausdrücklich und von innen heraus zu ihr bekennen und uns für sie in unserem Vorgehen verantwortlich wissen." So hat Kardinal Döpfner, Präsident der Gemeinsamen Synode, in seiner schon erwähnten Schlussansprache am 22. November 1975 einen dreifachen Impuls angesprochen, der auch seine eigene pastorale Leitlinie darstellt: Aufeinander zugehen, miteinander reden und gemeinsam sprechen, den Geist Jesu Christi bezeugen und daraus handeln. Damit hat er wohl auch die Mitte seines eigenen Lebens und Wirkens zur Sprache gebracht.[41]

41 Vgl. den Bericht beim Abschluss der Synode „Verlauf, Leitlinien und Impulse", Bonn 1975; vgl. dazu insgesamt meine Beiträge in der Offiziellen Gesamtausgabe: Gemeinsame Synode der Bistümer in der Bundesrepublik Deutschland, Erstauflage Band I 1976 (7. Auflage 1989), Band II 1977 (4. Auflage 1985), Neuausgabe in einem Band, Freiburg 2012, 21–67, 849 ff., 915 ff., 7*–27*, und

Bis in die letzten Tage seines Schaffens hat sich Kardinal Döpfner in diesem Sinne um die Einheit der Kirche bemüht. Vor allem hat er auch die Beschlüsse der Synode in Form von Voten, zu deren Gültigkeit eine Zustimmung Roms notwendig war, in den Vatikanischen Behörden angesprochen und auf eine Antwort gedrängt. Diese erfolgte dann nur und vorläufig im Blick auf die sogenannte „Laienpredigt".[42] In der letzten Woche seines Lebens hat er einander entgegengesetzte Gruppen („Una voce" – „Integrierte Gemeinde") empfangen und die Zerreißprobe zwischen ihnen besonders hart empfunden. Ich erinnere mich an zwei überdurchschnittlich lange Telefongespräche drei Tage vor (21. 7.) und am Vorabend seines Todes (23. 9.) – sie dienten der Entscheidung über die letzte Fassung des Geleitwortes zur Veröffentlichung der Synodenbeschlüsse in der Offiziellen Gesamtausgabe. Er war in einer seltenen Weise erschöpft und freute sich noch mehr als sonst auf den unmittelbar bevorstehenden Urlaub. Am letzten Tag vor der Abreise in den Urlaub, am Samstag, 24. Juli 1976 um 8:00 Uhr, sollte das unermüdliche Herz des Seelsorgers Julius Kardinal Döpfner für immer stillstehen. Er starb am Eingang des Bischofshofes. Nach der Eucharistiefeier im Liebfrauendom in München, die Joseph Kardinal Höffner zelebrierte und bei der Hermann Kardinal Volk predigte,[43]

---

das Vorwort zur Neuausgabe VII-X. Die Veröffentlichung ist Julius Kardinal Döpfner gewidmet, vgl. 5, 8, 56 (Lit.).

42 Vgl. Gemeinsame Synode der Bistümer in der Bundesrepublik Deutschland, Neuausgabe, 153–185, 332*, 334*. Weitere Dokumente bei R. Althaus, Die Rezeption des CIC von 1983 in der Bundesrepublik Deutschland, Paderborn 2000, 729–759.

43 Wesentliche Teile der Predigt finden sich bei F. Bauer/K. Wagner (Hg.), Kardinal Döpfner, 88–91.

wurde Julius Kardinal Döpfner am 29. Juli 1976 in der Domgruft beigesetzt.

Anteilnahme und Betroffenheit über diesen Tod blieben nicht auf die deutschen Katholiken beschränkt. Viele Nichtkatholiken und Nichtchristen in Deutschland und nicht wenige Menschen in aller Welt trauerten,[44] weil sie in Julius Kardinal Döpfner einen Mann der Kirche kennengelernt hatten, dessen offene Art fast wie von selbst menschliche Anerkennung und großes Vertrauen hervorgerufen hat.

44 Vgl. Beispiele in K. Wittstadt, Julius Kardinal Döpfner, 1996, 212 ff.

X. Ertrag für die Zeit und bleibender Segen

Was bleibt von Julius Kardinal Döpfner? An erster Stelle muss Döpfners männliche, innige und herzhafte Frömmigkeit genannt werden. Immer wieder suchte er, jeden Tag neu ansetzend, die Begegnung mit dem lebendigen Gott. Dies gab Julius Kardinal Döpfner den verlässlichen Grund und Boden, auf dem er fest im Glauben stand. Weil er in erster Linie Diener des Glaubens sein wollte, hat er sich trotz zunehmender Sorge um die Weltverantwortung des Christen nie in unmittelbar politische Auseinandersetzungen verstricken lassen. In den letzten Jahren seines Wirkens hat er mit einer großen Unerschrockenheit und – wenn nötig – auch mit dem Mut zur Unpopularität gegen die Erosion ethischer Grundüberzeugungen in Staat und Gesellschaft Stellung bezogen. Seinem großen Kampf für den Schutz des menschlichen Lebens vor der Geburt sollte man eine eigene Studie widmen. Man musste erfahren haben, wie er betete und Gottesdienst feierte, die Heilige Schrift las und geistliche Gespräche führte, um die Tiefe der Quellen seiner Frömmigkeit ahnen zu können. Es scheint mir, dass zwei Verhaltensweisen eng mit dieser letzten Gründung im lebendigen Gott zusammenhängen. Einmal ist es die vorbehaltlose Zuwendung und grenzenlose Offenheit, mit denen er den Menschen begegnete. Dabei öffnete er sich immer mehr den Fragen der ganzen Menschheit, die ihm auf vielen Reisen und auf dem Konzil näher kamen.[45] Niemand zweifelte, dass er ein Mann der Kirche

---

45 Vgl. die Rede zur Herbstvollversammlung der Deutschen Bischofskonferenz in Salzburg 1974: Zur Zukunft der Menschheit

war, aber seine unerschütterliche Bindung an Gott selbst ließ ihn nie zu einem Funktionär werden. Nichts hasste er mehr als bestimmte Formen des Klerikalismus. Ein anderes Merkmal seines Verhaltens war die Ehrlichkeit und Aufrichtigkeit seines Ringens und Suchens nach Lösungen. So entschieden er sein konnte, wo es um letzte Überzeugungen ging, so freimütig gestand er auch Verlegenheiten und Nöte ein, die ihm im Glauben und in der Pastoral zu schaffen machten. Gerade durch diese Unbeirrbarkeit in der grundlegenden Orientierung des Glaubens und Lebens *und* im solidarischen Suchen und Fragen mit dem heutigen Menschen gewann er Vertrauen.

Döpfner war durch und durch Seelsorger. Er war kein Spezialist in irgendeinem Bereich des kirchlichen Lebens. Immer mehr hatte er das Ganze vor Augen. Dies gilt auch für die Theologie. Immer ging es ihm jedoch um eine geistige und theologische Begründung des christlichen Lebens und des Vorgehens in der Kirche. Wie die neueren Forschungen bestätigen, darf man in ihm das Element geistiger Verantwortung und intellektuellen Bemühens – auch in der Theologie – nicht unterschätzen. Dies gilt auch für die Vorbereitung von Predigten (vgl. als eindrucksvolles Beispiel die christologischen Ansprachen „Die Mitte unseres Glaubens") und Stellungnahmen. Er war kein Taktiker und kein Kirchenpolitiker, wenngleich er von beidem etwas verstand. So hat er die beschränkte freie Zeit außerordentlich sparsam verwendet, um immer wieder gediegene theologische Veröffentlichungen zu lesen. Stets holte er sich Rat, was sich denn angesichts der knappen Zeit zu lesen lohne. Je mehr er sich im Detail beraten lassen musste, umso sicherer wurde sein In-

unter den Bedingungen für ein künftiges menschenwürdiges Leben, Bonn o.J. (1974).

stinkt für eine grundlegende Einschätzung, „ob denn das Ganze und die Richtung stimmen", wie er gerne sagte. Döpfners Frömmigkeit kann nicht verstanden werden ohne das Kreuz.[46] Er hat sich immer wieder zum Kreuz hingeflüchtet, wenn es sich um das Bestehen von Nöten und die Überwindung von Sackgassen handelte. Professor Hans Wimmer hat an der Gedenktafel für Julius Kardinal Döpfner im Liebfrauendom in München diesen Urakt der Zuwendung zum Kreuz Jesu Christi ebenso lebendig festgehalten wie Christine Stadler in dem Kreuz, das sie für Döpfners Schreibtisch gestaltet hatte. Das Kreuz gab dem Kardinal die Kraft, jene Spannung auszuhalten, an der viele scheitern: Leben mit der Kraft einer unbesiegbaren Hoffnung, ohne die Widerstände und Schwierigkeiten des Lebens zu verdrängen. In diesem Sinne konnte Döpfner manchmal ein geradezu erbarmungsloser Realist sein. Er kannte den Menschen. Dennoch überwog bei allen tiefen Enttäuschungen stets der Mut zu neuen Schritten nach vorwärts. Er hatte auch noch in schwierigen Situationen seinen echten Humor, ohne je zynisch zu werden.[47]

Dies alles hat sich auch in seiner Fähigkeit zur Führung und Leitung gezeigt. Er konnte auch jungen Leuten ein hohes Vertrauen schenken. Arbeitsteilung und Delegation waren für ihn selbstverständlich. Seine Brüderlichkeit und Offenheit machten einen kollegialen Leitungsstil leicht möglich. Er wusste, dass er in vielem auf

---

46 Vgl. die schon genannte Studie von Chr. Hartl, Wir aber predigen Christus, und dessen kleines Buch: Kreuzweg Leben. Gedanken von Julius Döpfner zu Reliefs von Max Faller, Würzburg 2006. Vgl. dazu auch K. Wittstadt, Julius Kardinal Döpfner, 2001, 323–327.

47 Vgl. dazu die schöne Sammlung von F. Bauer/K. Wagner, „Du kunnst da Döpfner sei".

Beratung angewiesen ist, blieb aber immer in ihrer Beurteilung kritisch und souverän. Er scheute am Ende nicht die Last der ganzen und letzten Verantwortung, auch wenn ihm vieles vorbereitet worden war. Alle Partner auf den vielen Ebenen seines Wirkens schätzten darum die Zuverlässigkeit und Aufrichtigkeit seines Vorgehens. Immer wieder hat er auch die Priester um Vertrauen in der Zusammenarbeit mit Laien gebeten. Seine Führung blieb auch dadurch glaubwürdig, weil er stets selbstkritisch blieb und zu Korrekturen bereit war, wenn sie sich als notwendig erwiesen.

Viele konnten die Spannweite dieses Charakters in seiner Komplexität nicht zusammenhalten. Er konnte vorwärts stürmen und war doch redlich immer wieder um die inneren Zusammenhänge der Geschichte des Glaubens und der Kirche bemüht. Er konnte anders gerichtete Entscheidungen annehmen, ohne dem Partner die Kraft seiner eigenen Argumente vorzuenthalten. So hat er auch in den Fragen der vatikanischen Ostpolitik, der Geburtenregelung und auf vielen anderen Feldern mit Papst Paul VI. und seinen Mitarbeitern gerungen. Er wusste um das Bewahrenswerte in der Kirche, für das er sich leidenschaftlich einsetzte, aber auch um die Reform als ein Wesenselement.[48] Wer freilich nur eine dieser Komponenten erfasst hat, konnte ihn nicht verstehen. Hässliche Worte wie „Gummi-Tiger", die immer noch im Umlauf sind, zeugen davon. Was ihn am meisten erschütterte, war da und dort die Erfahrung, in der Großzügigkeit eines hohen Vertrauens missbraucht worden zu

---

48 Vgl. seine zu wenig beachtete Rede „Reform als Wesenselement der Kirche. Überlegungen zum II. Vatikanischen Konzil" vom 29. Januar 1964, Würzburg 1964, auch in: In dieser Stunde der Kirche, 26–37, vgl. auch 55 ff., 78 ff.

sein. Dies galt auch gegenüber Enttäuschungen in der nachkonziliaren Erneuerung der Kirche, zum Beispiel im Blick auf manche Willkür in der erneuerten liturgischen Gestaltung und die vielen Amtsniederlegungen von Priestern.

Ich möchte an dieser Stelle schließen. Wir können noch keine Biografie von Julius Kardinal Döpfner schreiben.[49] Ein jäh abgebrochenes Leben wird dafür ohnehin immer fragmentarisch bleiben. Es öffnet sich jedoch in das Geheimnis Gottes hinein. Mehr kann von einem Christenmenschen ohnehin nicht gesagt werden.

Ich habe hier in Bad Kissingen meine Würdigung mit einem Hinweis auf die Kraft der fränkischen Heimat Julius Döpfners begonnen. Ich möchte schließen mit einem Rückblick auf diese seine Anfänge. So sagte er einmal in einer Rundfunkansprache: „Ich darf einmal ganz offen gestehen: ich habe als Prediger und als Bischof noch nicht eine Sekunde die Versuchung gespürt, dass ich in diesem Beruf ein vollkommeneres Christenleben führe, als mein Vater und meine Mutter es getan haben. Wenn ich mit meiner Berufung den Ruf des Herrn so ernst nehme wie meine Eltern und so viele ganz schlichte und einfache Christen in ihrem Beruf, in ihrem Ehestand, dann danke ich Gott von ganzem Herzen."

---

49 Am nächsten kommt dieser Aufgabe K. Wittstadt, Julius Kardinal Döpfner (1913–1976). Anwalt Gottes und der Menschen, München 2001.

Hinweis auf Veröffentlichungen

Julius Kardinal Döpfner

Die Veröffentlichung von Julius Döpfners Briefen an G. Angermaier und der spätere Druck seiner theologischen Dissertation über Newman wurden im Text schon genannt und werden hier nicht wiederholt (vgl. die vielen Angaben in Anm. 1).

- Wort aus Berlin. Rundfunkansprachen und Predigten, 2 Bände, Berlin 1960 und 1961
- Reform als Wesenselement der Kirche = Akademievorträge 1, Würzburg 1964
- Deutscher Katholizismus und konziliare Erneuerung, Würzburg 1965
- In dieser Stunde der Kirche. Worte zum Zweiten Vatikanischen Konzil, München 1967
- Dienst am Menschen, Berlin 1967
- Die Zukunft des Glaubens, Kevelaer 1969
- Die Mitte unseres Glaubens. Christologische Ansprachen, München 1971
- Weggefährte in bedrängter Zeit. Briefe an die Priester, hrsg. von E. Tewes, München 1986 (3. Auflage)
- Das Flammenkreuz der Liebe. Predigten und Reden zu caritativen und sozialen Themen, hrsg. von F. S. Müller, P. Neuhauser u. a., München o. J.

Zum Konzil

- G. Treffler/P. Pfister (Hg.), Erzbischöfliches Archiv München. Julius Kardinal Döpfner. Archivinventar der Dokumente zum Zweiten Vatikanischen Konzil = Schriften des Archivs des Erzbistums München und Freising 6, Regensburg 2004
- G. Treffler (Hg.), Julius Kardinal Döpfner. Konzilstagebücher, Briefe und Notizen zum Zweiten Vatikanischen Konzil = Schriften des Archivs des Erzbistums München und Freising 9, Regensburg 2006
- A. Batlogg u.a. (Hg.), Erneuerung in Christus. Das Zweite Vatikanischen Konzil im Spiegel Münchener Kirchenarchive = Schriften des Archivs des Erzbistums München und Freising 16, Regensburg 2012

Erinnerungsbücher

Folgende Erinnerungsbücher enthalten manche Äußerungen Döpfners:

- G. Gruber (Hg.), ... auf dem Weg durch die Zeit. Julius Kardinal Döpfner 25 Jahre Bischof in Würzburg, Berlin, München, München 1973
- O. Neisinger, Julius Cardinal Döpfner. Erinnerung. Bildnotizen. Zitate, Würzburg 1976
- F. Bauer/K. Wagner (Hg.), Kardinal Döpfner. Leben und Wort 1913–1976, München 1976
- F. Bauer/K. Wagner (Hg.), „Du kunnst da Döpfner sei". Anekdoten und heitere Erinnerungen an Julius Kardinal Döpfner, München 1979
- K. Wittstadt, Julius Döpfner. Sein Weg zu einem Bischof der Weltkirche in Bilddokumenten, Würzburg 2001

Festschrift

- H. Fleckenstein u. a. (Hg.), Ortskirche – Weltkirche. Festgabe für Julius Kardinal Döpfner, Würzburg 1973

Persönliches Nachwort

Über die objektiven Gründe hinaus, die ehrenvolle Einladung nach Bad Kissingen zum obigen Festvortrag anzunehmen, haben mich auch persönliche Motive zu ihrer Annahme veranlasst. Ich selbst habe nämlich von 1957, als ich nach Rom ins Germanikum eintrat, bis 1976 Julius Kardinal Döpfner immer näher kennen lernen dürfen. Ich erinnere mich sehr gut an seine Besuche in Rom, als er 1957 zum Bischof von Berlin, Ende 1958 zum Kardinal und 1961 zum Erzbischof von München und Freising ernannt worden ist. Kardinal Julius Döpfner hat mich im Jahr 1963 in Rom am 30. März zum Diakon und am 10. Oktober in S. Ignazio zum Priester geweiht.

Während des Zweiten Vatikanischen Konzils durfte ich zuerst als informelle Hilfskraft und ab 1964 als Assistent Karl Rahners aus gebührender Distanz Kardinal Döpfner bei seinem verantwortungsvollen Wirken in Rom nahe sein. Ab Juli 1969, dem ersten Symposion der Gemeinschaft der Europäischen Bischofskonferenzen (CCEE) in Chur, durfte ich bis zu seinem Tod sein fast ständiger theologischer Mitarbeiter sein. Unter den besonderen Höhepunkten waren die Beratungstätigkeiten während der Welt-Bischofssynoden 1971 und 1974.

Die persönliche Freundschaft festigte sich vor allem durch die enge Zusammenarbeit von der ersten Vorbereitung der Gemeinsamen Synode der Bistümer in der Bundesrepublik Deutschland im Herbst 1968, unmittelbar nach dem Katholikentag in Essen, bis zum Abschluss der offiziellen Veröffentlichung der Synodendokumente bald nach ihrem Ende. Am Vorabend des Todes von Julius

Döpfner besprach ich noch telefonisch die letzten Änderungen seines Geleitwortes zur Offiziellen Gesamtausgabe, deren erster Band ihm dann gewidmet worden ist. Ich denke gerne auch an viele persönliche Begegnungen, nicht zuletzt bei Bergwanderungen in der Gegend um den Chiemsee und in Sachrang bei Aschau.

Als ich im Sommer 1976 beim letzten persönlichen Gespräch einiges von ihm über seinen letzten Romaufenthalt und das Gespräch mit Papst Paul VI. Ende Mai 1976 erfuhr, konnte ich nicht im Entferntesten ahnen, dass ich im Jahr 1987 für 21 Jahre die Aufgabe eines Vorsitzenden der Deutschen Bischofskonferenz übernehmen sollte. Dieses letzte Gespräch, das in großer Offenheit stattfand, hat mir aber viele Einsichten für die spätere Aufgabe geschenkt.

Zu meiner Bischofsweihe am 2. Oktober 1983 hat mir der Nachlassverwalter von Kardinal Julius Döpfner, Regionalbischof Dr. h. c. Ernst Tewes, den sogenannten „Konzilsring" geschenkt, den Paul VI. am Ende des Vatikanum II. den Konzilsvätern geschenkt hatte. Ich trage ihn bis heute täglich.

Ich erwähne diese persönlichen Perspektiven, weil sie unvermeidlich indirekt in meine Festrede eingegangen sind oder im Hintergrund standen. Deshalb freue ich mich sehr, dass ich die Laudatio von Bad Kissingen im 50. Jahr meiner Priesterweihe durch Kardinal Julius Döpfner und im 30. Jahr meiner Bischofsweihe zugleich als kleines Denkmal der Anerkennung und des Dankes für Julius Kardinal Döpfner halten durfte, verbunden mit einem Besuch in der Pfarrkirche in Hausen mit der unmittelbar daneben liegenden kleinen Gedenkstätte. Im Übrigen habe ich von der erneuten Beschäftigung mit der bisher erschienenen wissenschaftlichen Literatur und besonders von den Nachlassveröffentlichungen viel gelernt.

Bibliografische Information der Deutschen Nationalbibliothek
Die Deutsche Nationalbibliothek verzeichnet diese Publikation in
der Deutschen Nationalbibliografie; detaillierte bibliografische
Daten sind im Internet über ‹http://dnb.d-nb.de› abrufbar.

© 2013 Echter Verlag GmbH, Würzburg
www.echter-verlag.de

Umschlag: Peter Hellmund
Umschlagbild: © KNA Bild, Bonn
Satz: Hain-Team, Bad Zwischenahn (www.hain-team.de)
Druck und Bindung: fgb · freiburger graphische betriebe

ISBN
978-3-429-03659-1 (Print)
978-3-429-04740-5 (PDF)
978-3-429-06154-8 (ePub)